14
Lk. 148.

ABREGE' DES DELIBERRATIONS

faictes aux Estats tenus en la ville de Tharascon, le mois de Mars mil six cens trente-vn.

PAR AVTHORITE' DV ROY, ET MANDEMENT de Monseigneur le Duc de Guise, Prince de Joinuile, Pair de France, Gouuerneur, & Lieutenant general pour sa Majesté en Prouence, Admiral des Mers de Leuant.

Et suiuant les ordres que Monseigneur le Prince de Condé, (premier Prince du sang, premier Pair de France, Duc d'Aguien, & Chasteau-Roux, Lieutenant general pour le Roy en ses armées de Prouence, & Bourgogne) en auoit reçeu de sa Majesté.

A AIX,
Par ESTIENNE DAVID, Imprimeur du Roy, du Clergé, & de ladite ville. Heritier de I. Tholosan.

M. DC. XXXI.

ABRÉGÉ
DES DÉLIBÉRATIONS

ABREGE' DES DELIBERATIONS FAICTES AVX

Eſtats tenus en la ville de Tharaſcon, le mois de Mars mil ſix cens trente-vn : par authorité du Roy, & mandement de Monſeigneur le Duc de Guyſe, Prince de Joinuile, Pair de France, Gouuerneur, & Lieutenant general pour ſa Majeſté en Prouence, Admiral des Mers du Leuant. Et ſuiuant les ordres que Monſeigneur le Prince de Condé (premier Prince du ſang, premier Pair de France, Duc d'Anguyen, & Chaſteau-Roux, Lieutenant general pour le Roy en ſes armées de Prouence, & Bourgongne) en auoit reçeu de ſa Majeſté.

PREMIEREMENT, les Eſtats ont confirmé tous leurs Officiers iuſques à autres Eſtats, aux gages accouſtumez.

Leſdicts Eſtats ont vnanimement deliberé, que le Pays empruntera la ſomme de quarante trois mil ſix cens liures, à tels intereſts que faire ce pourra, ſoit par foires, ou autrement, pour la deſpence des trouppes de Monſeigneur le Prince, deſpuis le vingt-cinquiéme Feurier dernier, iuſques & par tout le quatorziéme de cedit mois de Mars, tant de cheual que de pied, qu'elles ont arreſté dans le Languedoc : laquelle ſomme ſera remiſe entre les mains de celuy que mondit-Seigneur ordonnera, en rapportant ſa quittance pour la deſcharge dudit Pays : Et à ces fins, leſdits Eſtats ont donné pouuoir à Meſſieurs les Procureurs du Pays, (de preſent en charge) d'en paſſer les obligations au nom de la Prouince requiſes & neceſſaires, qui feront procuration au Sieur Gaillard Treſorier du Pays, pour faire ledit emprunt, duquel, & encores deſdites obligations, ils ſeront releuez, & indemniſez par leſdicts Eſtats, enuers ceux qui feront ledit preſt, en bonne & deuë forme, & de tous les deſpens, dommages, & intereſts qu'ils pourront ſouffrir en leur propre.

Leſdits Eſtats ont vnanimement reſolu, que ſa Majeſté ſera tres-humblement ſuppliée, attendu les extremes neceſſitez de ſes pauures ſubjects de ladite Prouince qui ne luy peuuent rien offrir : parce que (apres Dieu) ils recognoiſſent vie & biens à ſa Souueraineté : Neantmoins, parce qu'il luy plaiſt de les vouloir entendre, & reçeuoir ſoubs les termes de ſa clemence, & de ſa bonté; ſera ſon bon plaiſir, que la ſomme d'vn million de liures tiendra lieu & place de plus grande ſomme que ſadite Majeſté pourroit deſirer de ſeſdits ſubjects, entierement zelez, & affectionnez pour ſon ſeruice, la ſeule impuiſſance les arreſtant de pouuoir faire plus : payable ladite ſomme dans tel temps que le

Pays la puiſſe acquitter, ſans retardement des autres charges ordinaires. Et moyennant ce, Monſeigneur le Prince, au nom de ſa Majeſté, acceptant la ſuſdite offre, accordera que ledit Pays demeurera deſchargé des Edicts des Elections, Comptabilité, & creuë d'Officiers, de l'augment du Taillon de cent mil liures: de celuy du ſel, & diminution des meſures pour la debite d'iceluy: des Comptes tutelaires: entretenement des Galeres, garniſons, & mortes-payes, & generalement de toutes autres ſurcharges & nouueautez contraires aux formes, libertez, & priuileges de la Prouince, pour le payement de laquelle ſomme, les Terres adjacentes (& autres villes & lieux non contribuables aux charges du Pays) ſeront contraints de contribuer proportionnablement. Encores ſera Monſeigneur le Prince tres-humblement ſupplié, de prouuoir par ſon interceſſion toute puiſſante, & accorder au nom de ſa Majeſté, abolition pour tous ceux qui pourroient eſtre recherchez à cauſe des derniers mouuements arriuez dans le Pays: & s'en allant à Aix, qu'il luy plaiſe de mener le moins de gens de guerre qu'il pourra, pour ne mettre entierement la faim aux lieux de ſon paſſage, & de deſcharger la Prouince deſdits gens de guerre le pluſtoſt qu'il pourra, & de vouloir reſtablir la ſeance des Cours Souueraines, & autres Officiers de Iuſtice & de Finances dans la ville d'Aix: en procedant à laquelle deliberation, le Sieur de Dyons, premier Conſul de Tharaſcon, a dict que Meſſieurs les Eccleſiaſtiques, & de la Nobleſſe, doiuent contribuer à ladite ſomme à proportion de ce que eux, ou leurs Fermiers, directement, ou indirectement auroient eſté ſubjects au moyen de l'execution deſdicts Edicts, ſuiuant la cotiſation & deſpartement qui en ſera faict: enſemble toutes les pentions conſtituées à prix d'argent, ſoit pour les Communautez, ou particuliers, nonobſtant le pache & franchiſe des tailles appoſé aux contracts de vente, la cotte deſquelles pentions appartiendra, & ſera exigée par les lieux qui les ont contribuées. De meſme contribueront audit payement, les marchandiſes, & capitaux qui ne ſont à la taille, au profit des lieux où leſdites marchandiſes & capitaux ſeront, ſuiuant la taxe qu'en ſera faicte par les Depputez des Communautez, leſquels y procederont ſans prendre aucun frais: à quoy tous les autres Depputez des Communautez & Vigueries ayant adheré, ſur les contraires remonſtrances de Meſſieurs du Clergé, & de la Nobleſſe, a eſté accordé que le dire dudit Sieur de Dyons, ne ſeruira que pour proteſtation de la part deſdites Communautez & Vigueries, à laquelle proteſtation Meſſieurs du Clergé, & de la Nobleſſe, ont reſerué leurs deffences au contraire.

Du deſpuis leſdits Eſtats ont vnanimement deliberé, que le Pays ſurmontant ſes propres forces, augmentera ſon offre iuſques à la ſomme de quinze cens mil liures, payables au moins dans huict années, aux qualitez portées par la ſuſdite Deliberation: dans laquelle offre, les Terres adjacentes, & non contribuables aux charges dudit Pays, ne ſeront comprinſes pour cette fois tant ſeulement, en conſideration qu'au moyen de ce, il a eſté faict vne notable diminution des demandes propoſées à ladite Prouince, & ſans à l'aduenir ce despartir du droict qu'elle a de les faire entrer aux charges du Pays, ainsi qu'il a esté practiqué par le passé, & dont les Arrests & Iugemens du Conseil sont en vigueur : à laquelle somme de quinze cens mil liures (par la pluralité des opinions) a esté deliberé que les capitaux des pentions sur les Communautez dudit Pays seront contribuables : à quoy Messieurs le Marquis de Ianson, Barō de Cereste, de Vins, de Buoux, de la Martre, de Sausses, & autres Sieurs de la Noblesse, ont declaré pour eux, & pour leurs adherans, estre opposans, tant pour leur interest qu'ils desduiront en temps & lieu, que pour n'estre cet article exprimé, ny comprins dans la proposition de la presente deliberation, & que par la resolution prinse cy-deuant, les Communautez & Vigueries n'ont esté reçeuës qu'aux protestations par elle faictes dans ladite deliberation: & les autres oppinans, ont protesté de leurs deffences au contraire.

A esté aussi deliberé que mondit Seigneur sera tres-humblement supplié, d'accorder, qu'il faira remettre au Pays toutes les Lettres patentes necessaires pour l'assurance des choses contenues aux precedentes deliberations, auant que le Pays puisse estre constraint pour le payement d'aucune partie desdites quinze cens mil liures.

Sur la remonstrance faicte aux Estats, que ores la Prouince ne puisse pas rendre des recognoissances cōuenables aux bien-faicts qu'elle reçoit de Monseigneur le Prince : neantmoins elle deuoit luy donner tesmoignage de sa bonne volonté par quelque honneste present que lesdits Estats mesureroient à leur forces, ne pouuans approcher des merites de mondit-Seigneur. A esté vnanimement deliberé, qu'il luy sera offert la somme de cent mil liures, que son Altesse sera tres-humblement suppliée d'auoir aggreable, auec asseurance que si la Prouince pouuoit faire vn plus grand effort, elle ne manqueroit de luy faire paroistre la grandeur du zele qu'elle a pour luy donner en toutes occasions des preuues de son tres-humble seruice : à laquelle somme de cent mil liures, & autres despences de la mesme suitte, par la pluralité des oppinions a esté deliberé que les capitaux des pentions imposez sur les Communautez, seront contribuables, suiuant la deliberation ja faicte, à quoy a esté formé la mesme opposition : laquelle offre de cent mil liures ayant esté faicte à Monseigneur : son Altesse a tesmoigné reçeuoir en bonne part les effects de la bonne volonté du Pays, & a declaré qu'elle se contentoit pour son chef, de cinquante mil liures, & de vingt-mil liures d'autre part, pour les distribuer à tous les Officiers de sa maison selon son bon plaisir & volonté, ayant quitté les trente mil liures restantes au Pays.

Les Estats ont vnanimement deliberé, que pour toutes les pretentions de Monseigneur le Gouuerneur, puis la fin de l'année mil six cens vingt-huict, tant de ses Compagnies d'Ordonnance, & des Gardes, que de son plat, & don gratuit, iusques & par tout la fin de la presente année mil six cens trente-vn, luy est accordé la somme de cent mil liures, de laquelle mondit Seigneur sera tres-humblement supplié se vouloir contenter, attendu les grandes charges que la Prouince doit supporter, & prendre ce tesmoignage de la bōne volonté

A 2

du Pays : moyénant laquelle somme, mondit-Seigneur sera supplié de licencier sa Compagnie & au cas que sa Grandeur fust constraincte de la tenir sur pied, qu'elle ne pourra pretendre durant le reste de cette-dicte année autre chose du Pays pour le payement &entretenement d'icelle, que ladite somme de cent mil liures, & sans que le Pays puisse pour raison de ce, entrer en aucune despence durant ledit temps : laquelle somme luy sera payée par le Sieur Gaillard Tresorier du Pays, sur ses quittances, ainsi qu'il est accoustumé, & aux termes cy-apres accordez : ne comprenant point à ce, ce que par la deliberation de l'Assemblée generale des Cōmunautez tenuë à Sainct Victor les Marseille, le mois de Ianuier dernier, fut accordé à mondit Seigneur pour l'entretenement de ses compagnies durant les trois premiers mois de la presente année.

Les Estats, par la pluralité des voix, ont deliberé que pour le soulagement des Communautez, au payement des sommes accordées au Roy, & autres de pareille nature : il sera prins vn pour cent sur le courant des pentions deuës par lesdites Communautez durant quatre années, & aux quatre premieres payes qui escheront apres la fin du present mois de Mars : à laquelle deliberation, Monsieur le Marquis de Ianson, & autres tant en leurs noms, que de leurs adherans, ont declaré estre opposans, & le Sieur de Sainct Andiol Brissac, tant pour son interest, que pour tous les autres creanciers des Communautez habitans au Comtat, a aussi opposé, & tout le reste des Estats a protesté au contraire, & de se pouruoir sur le tout pardeuers le Roy, & Messieurs de son Conseil.

Les Estats par la pluralité des opinions, ont esleu pour Procureurs du Pays, ioincts pour le Clergé, Messieurs les Euesques de Senés, & de Tholon : pour la Noblesse, Messieurs de Bellefaire & de Maillane, & pour le tiers Estat, les Communautez de Pertuys & Manosque, prinses à tour de roolle & iusques à autres Estats.

Et pour assister à l'examen du compte du Sieur Gaillard Tresorier du pays, de l'année derniere 1630. les Estats ont prié Monsieur l'Archeuesqué d'Aix premier Procureur du Pays, nay, d'y assister ou son Vicaire General : Et par la pluralité des oppinions, le Sieur de Vinays Massam à esté deputé : comme aussi Messieurs les Procureurs du Pays de ladite année : le Scindic des Communautez, les Communautez de Pertuys, & Manosque, prinses à tour de roolle, & les Greffiers des Estats.

Et pour assister à celuy de la presente année 1631. lesdits Estats ont aussi ptié mondit Sieur l'Archeuesque d'y assister, ou son Vicaire general : & par la pluralité des oppinions, le Sieur du Bignosc à esté depputé : comme aussi Messieurs les Procureurs du Pays de cette année, le Scindic du tiers Estat, & les Communautez de Lorgues & Aups, aussi prinses à tour de roolle, & les Greffiers des Estats.

Sur la deputation de ceux qui debuoient faire le voyage en Cou, pour les affaires de la Prouince deliberez par les presents Estats, & pour l'execution des articles qui ont esté iugez par Monseigneur le Prince, & pour ceux qui ont esté reseruês par son Altesse, ayant esté oppiné par la pluralité des voix à elle deliberé, que ladite deputation seroit faicte d'vn de chasque ordre tels que les Estats aduiseront, sans y comprendre Messieurs le Baron de Bras, Cabanes premier Consul & Assesseur d'Aix Procureurs du Pays, & Maistre Meyronnet Greffier des Estats, & procedant à la nomination des personnes, lesdits Estats par la pluralité des opinions, ont deputé Monsieur l'Euesque de Sisteron President en iceux pour le Clergé : Monsieur le Comte de Bourbon pour la Noblesse, le Sieur de Dyons premier Consul de Tharascon pour le tiers Estat, & outre ce, lesdits Sieurs Baron de Bras & Cabanes premier Cõsul & Assesseur d'Aix, Procureurs dudit Pays, & ledit Maistre Meyronnet Greffier des Estats, lesquels Sieurs deputez supplieront Monsieur l'Archeuesque d'Aix, Monsieur l'Euesque de Digne, Monsieur le Preuost de Barjoux, Monsieur le Comte de Carces, Monsieur le Marquis de Gordes, qui sont de present à la Cour, Monsieur de la Verdiere, s'il s'y treuue, & tous les autres Sieurs Ecclesiastiques & Gentils-hommes de la Prouince qui s y treuueront, de vouloir despartir au Pays leurs affections accoustumées, pour raison dequoy ledit Pays n'entrera en aucuns frais & despens.

Pour le payement de la somme offerte à Monseigneur le Prince, & autres de mesme suitte, où montant quatre vingt-vn mil liures, les Estats ont deliberé que le Pays empruntera ladite somme à pention perpetuelle, ou à debte à iour, à la meilleure condition, & le plus promptement que faire ce pourra, & a ces fins ont donné pouuoir à Messieurs les Procureurs du Pays estant en charge, d'en passer les obligations au nom de la Prouince requises & necessaires, desquels ils seront releuez & indemnisez par lesdits Estats en bonne & deuë forme, & au cas que lesdits Sieurs Procureurs du Pays soient constrainêts de s'obliger en leur propre, à l'emprunt de ladite somme, il leur est donné pouuoir de proceder à l'imposition necessaire pour le rêboursement d'icelle, interests & despés, exigeables en quatres années la presente comprinse, laquelle imposition, lesdits Estats ont dés à present appreuué comme si elle auoit esté faicte dans ladite Assemblée.

Et quant au payement de la quatriéme partie des quinze cens mille liures, accordées au Roy qu'est trois cens septante cinq mil liures, lesdits Estats ont aussi donné pouuoir ausdits Sieurs Procureurs du Pays, d'icelle emprunter pour en faire le payement, aux termes qui seront accordés par sa Majesté aux Sieurs Depputez, & à faute de ce, y prouuoir par toute autres voye qu'ils aduiseront: au plus de soulagement pour la Prouince.

Sur le rembourcement demandé par les Communautez des villes & lieux de cette Prouince, des despences par elles souffertes, puis les derniers Estats, tant au passage, logement, & nourritures des gens de guerres, de cheual & a pied, les Estats ont deliberé que celles qui se treuueront auoir esté faictes par les ordres du Pays, & en suitte des attaches de Messieurs les Procureurs dudit Pays, seront aduisez au taux & reglement d'iceluy, suiuant la liquidation qu'en sera par eux faicte, en leur faisant apparoir des pieces iustificatiues d'icelles pour l'Eſtat, veu deſdits deſpences, eſtre proueu à leur payements par les prochains Eſtats.

Les Eſtats ont deliberé que de tous les exces, deſordres, & opreſſions faictes par les gensde guerre, paſſant dans la Prouince, en ſera informé à la diligence des Conſuls des villes & lieux de ce Pays, & à leurs deſpens, pardeuant les Officiers des lieux, leſquelles informations rapportées à Meſſieurs les Procureurs du Pays, ils ſeront tenus d'en faire la pourſuite, par tout où beſoin ſera, aux deſpens dudit Pays.

Les Eſtats ont deliberé qu'il ſera faict article au nom du Pays, à Monſeigneur le Prince, & ſi beſoin eſt, au Roy, pour ſupplier tres humblement ſa Majeſté de faire maintenir & conſeruer les Habitans de la valée de Cornillon, Cornillac, Pomeyrol & autres au Viguerat de Siſteron, en la faculté de ce pouruoir du Sel aux gabelles de Prouence, au prix des autres habitans dudit Pays, apres la ferme courante expirée.

Qu'il ſera auſſi faict article au Roy pour ſupplier tres-humblement ſa Majeſté de vouloir confirmer le Statut faict en l'année mil quatre cens dix, par Louys ſecond Comte de Prouence, portant permiſſion aux Communautez, villes & villages, de pouuoir chaſcun en ſon lieu, faire & impoſer réues, gabelles, capages, vingtains, & toutes autres impoſitions, ſur pain, vin, chair, poiſſon, huiles, figues, & autres choſes y exprimées à tel pache, qualités & conditions impunémēt, purement, & abſolument, toutes les fois & quantes que bon leur ſembleroit & que leur ſeroit neceſſaire, les vendre vne & pluſieurs fois, les croiſtre, augmenter, diminuer, & reuoquer, ainſi qu'on verroit bon leur eſtre, nonobſtant toutes ſentences, ordonnances, à cognoiſſance qu'en pouroit eſtre prinſe par ſa Majeſté. Monſeigneur le Prince de Tarante ou Officiers de ſa Majeſté, ainſi qu'eſt plus au long contenu dans ledit Statut : & ordonner que ſans autres permiſſion de ſadite Majeſté, ny de la Cour ny d'aucuns autres Officiers : ſera permis à toutes les villes & lieux de la Prouince, ſe ſeruir dudit Statut conformement & ainſi qu'eſt porté par iceluy, ſans y comprendre les Seigneurs des lieux & autres perſonnes exemptes.

Qu'il ſera auſſi faict article au Roy, pour faire declarer que les habitans de cette Prouince, ne pourront eſtre diſtraits hors d'icelle, ſoubs l'interpretation des baux à ferme, ou des euocations generales obtenues par les Fermiers de la Foraine, Gabelles, & autres.

Qu'il ſera auſſi faict article à Monſeigneur le Prince, & ſi beſoin eſt au Roy, pour faire maintenir les Eſtats en poſſeſſion de la Police generale de la Prouince, & du droict de faire ſeuls les impoſitions ſur le corps du Pays, ou partie d'iceluy, auec deffences à Meſſieurs du Parlement, & tous autres de les y troubler, & aſſignation aux parties pour voir caſſer tout ce qui a eſté faict au contraire, & cependant ſurcis à toutes executions.

IMPOSITIONS.

Les Eſtats ont impoſé pour la ſolde du Sieur Preuoſt des Mareſchaux, ſes Lieutenants, & Archers vne liure cinq ſols pour feu pour chaſcun quartier, iuſques à autres Eſtats, commençant au prochain quartier d'Auril, May, & Iuin.

Pour payer le courant des faſtigages des garniſons des villes & lieux de ce Pays, qui contribueront aux charges dudit Pays, a eſté impoſé vingt ſols par feu pour chaſcun quartier & iuſques à autres Eſtats, commençant audit prochain cartier d'Auril.

Pour payer la compenſation des tailles de Meſſieurs de l'vne & l'autre Cour, a eſté impoſé vingt cinq ſols pour feu, exigeables au quartier d'Octobre, de chaſcune année, & iuſques à autres Eſtats, commençant à celuy de la preſente année.

Pour payer la pention des quatre vingt mil eſcus empruntés par le Pays, & accordés au Roy par octroy extraordinaire en l'année 1622. a eſté impoſé quatre liures vn ſols pour feu, exigeables au quartier de Ianuier de chaſcune année & iuſques à autres Eſtats, commençant au quartier de Ianuier, 1632.

Pour le remplacemēt des quaráte trois mil ſix cens liures qu'il faut emprunter pour la deſpence des troupes de Monſeigneur le Prince, durant le temps qu'elles ont arreſté au Languedoc, a eſté impoſé ſeize liures pour feu exigeables aux deux prochains quartiers, d'Auril & Iuillet, à raiſon de huict liures pour feu pour chaſcun quartier.

Pour payer la ſomme de cent mille liures, accordées par les preſents Eſtats, à Monſeigneur le Gouuerneur, tant pour toutes ſes pretentions de l'entretenement de ſes compagnies d'ordonnances & gardes, & de ſon plat & don gratuit, puis la fin de l'année 1628. que iuſques & par tout la fin de la preſente, 1631. a eſté impoſé trente trois liures dix ſols pour feu, exigeables en trois payes eſgales, à raiſon de onze liures trois ſols quatre deniers pour feu chaſcun, dont la premiere commencera à la fin du mois d'Aouſt prochain, la deuxiéme à la fin du mois de Nouembre ſuiuant, la troiſiéme à la fin de celuy de Mars 1632. qu'eſt vne année entiere.

Pour les frais du voyage en Cour, recognoiſſance de Monſieur le Secretaire d'Eſtat qui a le departement de cette Prouince, & ſon premier Commis, & pour autres choſes deliberées par leſdits Eſtats, a eſté impoſé quatre liures pour feu, exigeables au prochain quartier d'Aouſt.

Articles presentées à Monseigneur le Prince, par les gens des trois Estats du Pays de Prouence, assemblez en la ville de Tharascon au mois de Mars 1631. en suitte des Deliberations.

I. & II.

LEs gens des trois Estats du Pays de Prouence, pour obtenir la reuocation de diuers Edicts, & charges extraordinaires dont ils sont menassez: & pour lesquels ils ont porté par plusieurs fois leurs tres-humbles supplicatiõs & remonstrances aux pieds du Roy: offrent à Mondit Seigneur le Prince, qui par sa bonté a voulu escouter la Prouince à traicter desdicts Edicts, la somme de quinze cens mil liures, qui est le plus grand effort qu'ils puissent faire, & le plus notable secours que sadite Majesté puisse retirer de ladite Prouince.

Laquelle somme ils payeront à sadite Majesté dans huict années, & huict payes esgales, année par année, & en fin de chascune d'icelles: dans laquelle offre les Terres adjacentes, & lieux non contribuables aux charges du Pays, ne seront comprinses pour cette fois tant seulement, & sans à l'aduenir se departir du droict que la Prouince a de les faire entrer aux charges dudit Pays, ainsi qu'il a esté practiqué, & iugé ez semblables affaires.

RESPONSE.

Accordé le premier & second article, moyennant la susdite somme de quinze cens mil liures, qui sera payée en quatre années consecutiues par esgales portions: premier terme desdites quatres années escheant à Noël prochain, & continuant ainsi d'annee en année, iusques à parfaict payement, qui finira à Noël que l'on comptera mil six cens trente quatre: se reseruant sa Majesté de pouuoir tirer secours des Terres adjacentes, & lieux non contribuables aux charges du Pays, selon le bon plaisir de sadite Majesté: & eu esgard à ce qui est accordé par ledit Pays, & selon qu'ils ont accoustumé de contribuer en pareilles occasions qui regardent en commun ledit Pays, Terres adjacentes, & lieux non contribuables, & sans que les Procureurs du Pays puissent se mesler en aucune façon de ce qui pourra estre faict & traicté par sa Majesté auec lesdites Terres adjacentes, & lieux non contribuables, pour les choses contenuës aux presents articles, sauf ausdits Estats à se pouruoir pardeuers sa Majesté pour obtenir vn plus long dilay des payemens.

III.

S'asseurans que mondit Seigneur, en acceptant ladite offre au nom de sadite Majesté, accordera (s'il luy plaist) audit Pays, le deschargement, & reuocation de l'Edict des Elections, & establissement de tous les Officiers en icelles.

RESPONSE.

Accordé, satisfaisant à ce qui est contenu en la postille des deux precedents articles.

IV.

La reuocation de l'Edict de Comptabilité, & creuë des Officiers en la Cour des Comptes, Aydes, & Finances de ladite Prouince, & generalement de tous autres Officiers prejudiciables aux Libertez, Vz, & Couſtumes d'icelle, nomement des Auditeurs des Comptes tutelaires, qui cy-deuant ont eſté ſupprimés, & qu'on vouloit à preſent faire reuiure.

RESPONSE.

Accordé pour le regard des Edicts de la Comptabilité, Comptes tutelaires, & creation d'Offices à raiſon de ladite Comptabilité, ſans neantmoins que ſa Majeſté, par la reſponce du preſent article, ſoit empeſchée de pouvoir creer tels autres Offices qu'il luy plaira, non prejudiciables aux Priuileges de la Prouince, & dont les gages ſe prendront ſur le fonds du Roy, & non ſur le Pays, à la creation deſquels nouueaux Offices, les Procureurs dudit Pays ne pourront former aucun empeſchement, n'eſtans prejudiciables comme deſſus.

V.

Le reſtabliſſement des Compagnies tant Souueraines, Subalternes, que de Finance, & de toute Iuſtice qui par Lettres patentes de ſa Majeſté ſont ſorties de la ville d'Aix, Capitale de la Prouince, & le Siege de leur eſtabliſſement.

RESPONSE.

Le Roy ſera tres-humblement ſupplié du contenu en cet article, lequel nous aſſeurons en ſon nom qu'il accordera, apres que l'authorité de ſa Majeſté aura eſté entierement reſtablie.

VI.

Le deſchargement de toute augmentation de prix ſur le ſel, & diminution de meſures, dont on menaſſoit de nouueau ladite Prouince.

RESPONSE.

Le Roy n'y ayant point penſé, ainſi n'eſtants que de faux bruits, pour contenter leſdicts Eſtats, accorde.

VII.

La reuocation des Lettres patentes portant augmentation du Taillon, de cent mil liures.

RESPONSE.

Accordé, attendu meſmes que les Depputez deſdits Eſtats nous ont faict voir l'extraict de leurs Deliberations propoſez par les Eſtats en l'annee 1629. à Monſieur le Duc de Guyſe Gouuerneur de Prouence, & à Monſieur de Bulion Commiſſaire de ſa Majeſté, & ainſi que ladite augmentation n'eſt impoſee, conſentie, ny leuée, continuera neantmoins l'ancienne leuée du Taillon à l'ordinaire.

VIII.

Le deſchargement de l'entretenement des Galeres, & payement des garniſons, & mortes-payes dont ils eſtoient menaſſez, & generalement de toutes autres ſurcharges & nouueautez contraires aux formes, Libertez, & Priuileges de ladite Prouince, auſquelles elle ſera entretenuë, & conſeruée ainſi que elle a eſté par cy-deuant.

RESPONSE.

Ladite Prouince iouyra de ſes anciennes Exemptions & Priuileges, auſquelles ne ſera rien innoué, ny meſme pour ce qui eſt contenu au preſent article: en ſatisfaiſant par ladite Prouince aux charges ordinaires & accouſtumées, comme elle a faict par le paſſé, & faict à preſent.

IX.

Et pour cet effect, il plaira à mondit Seigneur (auant que ladite prouince puisse estre constrainte au payement de ladite somme, ou d'aucune des payes d'icelle) de faire deliurer ez mains de Messieurs les Procureurs du pays, des Lettres patentes de sa Majesté, portant ratification, & approbation du present traicté, & reuocation de tous lesdits Edicts, Lettres patentes, & autres nouueautez cy-dessus exprimées, ou à exprimer, lesquelles serons deuëment verifiées, & enregistrées aux Cours Souueraines où besoin sera, suiuant l'addresse d'icelles.

RESPONSE.

Accordé aux clauses, & conditions specifiées aux presents articles : & à cet effect, leurs seront expediées toutes Lettres, & Arrests necessaires, qui seront mises ez mains des Procureurs du Pays.

X.

Qu'il plaira à mondit Seigneur d'accorder au nom de sadite Majesté, ou de procurer par son intercession, l'abolition pour tous ceux qui pouroient estre recherchez à cause des derniers mouuements arriuez dans ledit pays, pour l'apprehension desdits Edicts : Et attendu l'extreme necessité & disette qui est en tous les endroits de la Prouince, de ne laisser aucunes trouppes en icelle.

RESPONSE.

Nous nous employerons, & intercederons vers le Roy de tout nostre pouuoir pour obtenir ladite abolition, de l'obtention de laquelle nous leur donnons tres bonne esperance, apres neantmoins que l'authorité de sa Majesté aura esté restablie dans les lieux que besoin sera. Faict & arresté en la ville de Tharascon, le quatorziéme iour du mois de Mars, mil six cens trente-vn.

HENRY DE BOVRBON.

CHARLES LE ROY de la Potherie.   D'AVBRAY

Et plus bas,

Touss. E. de Sisteron, president aux Estats.
L. du Chaisne E. de Senes.   Auguste E. de Tholon.
    Des-Arts.   Ianson.   d'Oraison.
       Buons.   Montmeyan.   Cereste.
Dyons, Consul de Tharascon.   Burle, Consul de Forcalquier.
Chassignet, Consul de Digne.   Arnaud, Consul de Riez.
De Scalles, Sabran, Consul d'Aix, Procureur du pays.
H. Des-Rolands Assesseur d'Aix, Procureur du pays.
A. Boniparis, Consul d'Aix, Procureur du pays.
    MEYRONNET, Greffier des Estats.

De tout ce que dessus, en appert plus au long dans le registre desdites Deliberations, ausquelles ie Greffier desdits Estats soubs-signé me raporte.

www.ingramcontent.com/pod-product-compliance
Lightning Source LLC
Chambersburg PA
CBHW071418060426
42450CB00009BA/1937